Zülal Aytüre-Scheele

Zauberwelt
Origami

Tierfiguren aus Papier

FALKEN

INHALT

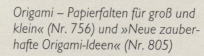

Die ersten beiden Bücher von Zülal Aytüre-Scheele sind ebenfalls im FALKEN Verlag erschienen: »Hobby Origami – Papierfalten für groß und klein« (Nr. 756) und »Neue zauberhafte Origami-Ideen« (Nr. 805)

VORWORT

Origami, die japanische Kunst des Papierfaltens, gewinnt immer mehr Freunde. Das Interesse, das meine beiden ersten Bücher bei Lesern im In- und Ausland fanden, hat mich ermutigt, dem Wunsch des FALKEN Verlages nach einem dritten Buch zu entsprechen: »Zauberwelt Origami«. Ich stelle 33 neue Figuren vor mit exakten Anleitungen. Genaues Lesen und Befolgen dieser Beschreibungen ermöglichen es jedem, die Figuren nachzufalten. Einige sind allerdings etwas schwieriger und komplizierter. Wer die Technik des Papierfaltens bereits beherrscht oder auch anhand einfacherer Figuren in meinen beiden ersten Büchern intensiv geübt hat, der wird feststellen, daß Origami nicht nur eine Technik ist, sondern wirklich eine Kunst sein kann. Die Fertigkeit des Faltens ist aber die Voraussetzung dafür, durch genaue Beobachtung selbst neue, kunstvoll gefaltete Figuren erfinden zu können.

Ich hoffe, daß mit diesem dritten Buch viele neue Origamifreunde gewonnen werden. Origami ist eine Zauberwelt, und jeder kann mit viel Spaß am Falten und fantasievoller Kreativität diesen Zauber entdecken.

Zülal Aytüre-Scheele

PAPIERE UND GRUND- REGELN

Die richtige Wahl des Papiers ist sehr wichtig für den Erfolg beim Origami. In vielen Geschäften findet man vorbereitete Packungen mit japanischem Origamipapier. Man kann aber auch einfaches Geschenkpapier auf die gewünschte Größe zurechtschneiden und zum Falten benutzen. Es ist jedoch sehr wichtig, daß das Papier fest ist, sich gut streichen läßt und nicht reißt. Es darf sich beim Falten und Entfalten nicht dehnen oder wellig werden. Dünne und kräftige, aber dennoch geschmeidige Papiere sind am besten geeignet. Wer bereits mit Origami vertraut ist, wird sicherlich mit etwas Fingerspitzengefühl das richtige Papier finden.

Die in diesem Buch vorgestellten Figuren sind zu Gruppen zusammengefaßt, die jeweils mit den gleichen Arbeitsschritten beginnen. Entsprechende Hinweise finden sich zu Beginn der Anleitungen. Dadurch soll dem Origamifreund das System dieser Kunst deutlich werden. Er lernt, zu welchen Formen und Gestalten bestimmte Faltschritte führen und daß mit diesem System jeder selbst neue Figuren erfinden kann. So sind zum Beispiel die ersten Faltschritte für die Löwin und den Pegasus identisch: Man kann anfangs nicht erkennen, wie verschieden die Ergebnisse sein werden. Durch weitere Faltschritte entstehen aus den gleichen Anfangsformen völlig andere Figuren. Die Kenntnis dieses Systems ist Grundlage für die Kunst des Origami und für die kreative Schöpfung neuer, eigener Figuren.

Zu den wichtigsten Regeln beim Origami zählt, daß die Papiere in beliebiger Größe, aber genau quadratisch zugeschnitten sind und die Figuren auf einer glatten, flachen Unterlage hergestellt werden. Alle Faltschritte müssen unbedingt sorgfältig nacheinander ausgeführt werden, und man darf die vorangegangenen Schritte noch nicht vergessen haben, bevor man mit dem nächsten beginnt.

Damit die Proportionen der fertigen Figuren stimmen, müssen die Hilfslinien möglichst genau beachtet werden. Oft gibt der Anleitungstext zusätzliche Hinweise, zum Beispiel »auf die Mitte falten«. Im übrigen genügt es, sich die Lage der Hilfslinien genau anzuschauen und sie per Augenmaß zu übertragen. Wer sich nicht darauf verlassen will oder mit extrem großen Papieren arbeitet, kann die gegebenen Proportionen ausmessen und rechnerisch zur gewünschten individuellen Größe ins Verhältnis setzen.

Die Farbfotografien aller nötigen Faltschritte erleichtern es sicherlich, sehr genau und sorgfältig zu arbeiten. Damit auch die kompliziertesten Faltungen gut zu erkennen sind, wurden manche Schritte vergrößert dargestellt.

Um von vornherein jede Sprachverwirrung auszuschließen, ist hier am Beispiel einer oft vorkommenden Form (Eule bis Schritt 11) dargestellt, was bestimmte Ausdrücke in den Faltanleitungen genau bedeuten. Links und rechts, oben und unten, vorn und hinten nur einmal verwechseln – und schon kommt etwas anderes heraus als gewünscht.

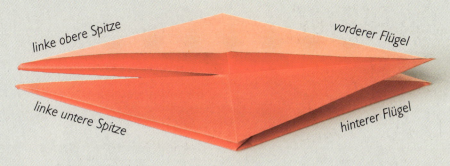

linke obere Spitze

vorderer Flügel

linke untere Spitze

hinterer Flügel

Die wichtigste und häufigste Falttechnik, das Wenden, wird im folgenden ausführlich erklärt. Je nachdem, ob eine Spitze in Richtung der offenen oder geschlossenen Seite der Ausgangsform gewendet werden soll, legt sie sich nach innen oder außen. Es empfiehlt sich, diese grundsätzlichen Faltungen mit einem diagonal gefalteten Papier ein wenig zu üben, bevor man die erste Figur nachfaltet.

Nach dem Vorfalten entlang der Hilfslinie, das immer der erste Schritt ist, wurde in diesem Beispiel die linke Spitze nach oben gewendet. Dadurch, daß die Ausgangsform nach oben hin offen ist, legt sich die Spitze automatisch nach innen. Umgekehrt ist es beim Wenden nach unten: Die Spitze legt sich von selbst nach außen.

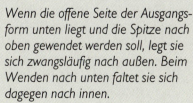

Wenn die offene Seite der Ausgangsform unten liegt und die Spitze nach oben gewendet werden soll, legt sie sich zwangsläufig nach außen. Beim Wenden nach unten faltet sie sich dagegen nach innen.

HIMMEL

6. ... nach oben falten. Auf der Rückseite wiederholen. An der ersten (1) Hilfslinie den Schwanz schneiden. An der zweiten (2) Hilfslinie...

Brieftaube

1. Ein quadratisches Blatt Papier, das an den Diagonalen vorgefaltet ist...

3. ... nach rechts falten. An der vorgegebenen Linie...

7. ...die linke Spitze nach innen wenden. Das ist der Schnabel.

2. ... an einer Diagonalen falten, die weiße Seite bleibt innen. An der Hilfslinie die offene Ecke...

4. ... die vordere rechte Ecke nach links falten. Die obere Hälfte der Form in der Mitte...

5. ... deckungsgleich auf die untere Hälfte falten. An der Markierung den vorderen Flügel...

8. Die Ecken unterhalb des Schwanzes an der Markierung...

9. ... auf beiden Seiten nach innen falten.

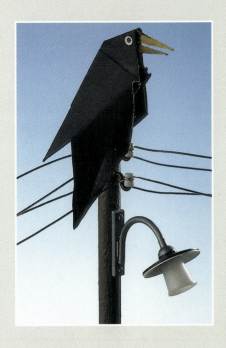

3. ... nach innen falten und die entstehenden Dreiecke ...

7. ... auf die Mitte falten. Die entstehenden Dreiecke ...

Rabe

1. Mit Schritt 3 der Brieftaube beginnen. An der Hilfslinie die rechte vordere Ecke ...

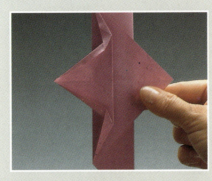

4. ... glattstreichen.

8. ... glattstreichen. Die obere Hälfte der Form deckungsgleich auf die untere Hälfte falten.

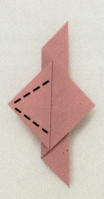

2. ... nach links falten. Die Kanten der linken Ecke an den vorgegebenen Linien ...

5. Das rechte Dreieck nach vorne ziehen.

6. An den gestrichelten Linien die Kanten des rechten Dreiecks ...

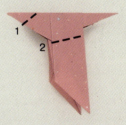

9. An der ersten (1) Hilfslinie die linke Spitze nach innen wenden. An der zweiten (2) Hilfslinie die Flügel auf beiden Seiten ...

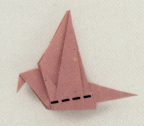

10. ... nach oben falten. Wenn beide Flügel an der Markierung nach unten gefaltet werden, sitzt der Rabe.

Fledermaus

7. ... die Spitzen der linken Ecke nach rechts falten.

8. An den vorgegebenen Linien die Spitzen erst nach oben ...

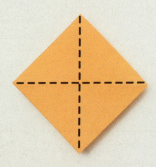

1. Ein quadratisches Papier, das an den Diagonalen vorgefaltet ist ...

4. ... die Kanten der rechten Ecke zur Mitte hin falten und die beiden entstehenden Dreiecke ...

2. ... an einer Diagonalen falten. Die linke vordere Spitze an der Hilfslinie ...

5. ... glattstreichen. An den vorgegebenen Linien ...

9. ... dann nach unten vorfalten.

3. ... nach rechts falten. An den Hilfslinien ...

6. ... schneiden. An den Markierungen ...

10. Die Spitzen anheben, in der Mitte zusammendrücken ...

11. ... und auf der Auflagefläche fest-streichen. An den Hilfslinien ...

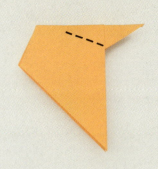

15. ... zusammenklappen. An der Hilfslinie ...

19. Die letzten beiden Faltungen rückgängig machen. An der Hilfs-linie ...

12. ... nach rechts wenden und nach oben bzw. unten legen. Das sind die Füße der Fledermaus.

16. ... den vorderen Flügel nach oben falten. Auf der Rückseite wiederholen. An den Markierungen ...

20. ... die rechten Spitzen nach vorn bzw. hinten falten.

13. Die Form umdrehen.

17. ... die oberen Spitzen ...

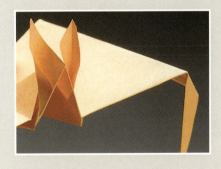

21. Die Spitzen zu Ohren formen.

14. An der waagerechten Mittel-linie ...

18. ... auf beiden Seiten nach unten falten.

22. Die Füße der Fledermaus wieder nach unten klappen.

7. Die letzten drei Faltungen wieder entfalten.

Eule

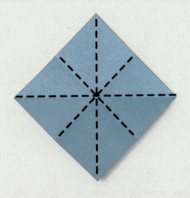

1. Ein quadratisches Blatt Papier an den gestrichelten Linien vorfalten.

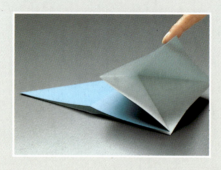

4. ... öffnen und flachdrücken.

8. Die untere Spitze des vorderen Flügels langsam öffnen und hochziehen.

2. An einer Diagonalen falten.

5. Das gleiche auf der Rückseite wiederholen. Die rechte und die linke untere Kante des vorderen Flügels ...

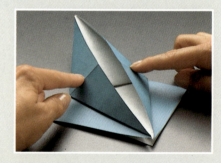

9. Die rechte und linke Ecke auf die Mitte drücken.

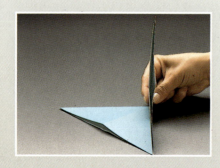

3. Die rechte Hälfte des Papiers senkrecht hochziehen ...

6. ... auf die senkrechte Mittellinie falten. Die obere Ecke an den Kanten der kleinen Flügel nach unten falten.

10. Die Faltungen feststreichen.

11. Das gleiche ab Arbeitsschritt 6 auf der Rückseite wiederholen.

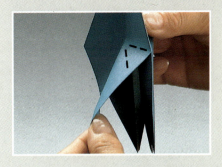

15. Den linken innenliegenden Flügel an der unteren Spitze anheben und herausziehen. Nach hinten drehen, an den Hilfslinien...

19. ... die obere und die hintere untere Spitze nach oben falten. An den Markierungen...

12. Die obere vordere Spitze auf die untere Spitze falten.

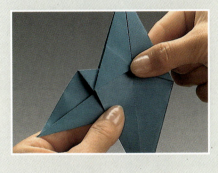

16. ... knicken und zusammendrücken.

20. ... den oberen Teil des Kopfes nach unten falten. Die untere Spitze ebenfalls nach unten falten. Die Figur umdrehen.

13. Dasselbe auf der Rückseite wiederholen. An den Hilfslinien...

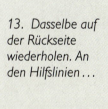

17. Das gleiche auf der rechten Seite wiederholen. An der ersten (1) Hilfslinie die obere Spitze nach unten, an der zweiten (2)...

21. Die vordere Lage des Kopfes an den Hilfslinien einschneiden. Die Figur umdrehen.

14. ... die oberen Kanten der vorderen Flügel auf die senkrechte Mittellinie falten. Auf der Rückseite wiederholen.

18. ... die vordere untere Spitze nach innen falten. An den Hilfslinien...

22. Die Ohren formen. Die Eule ist fertig.

Fliegender Storch

7. … auf die rechte Spitze falten. Das gleiche auf der Rückseite wiederholen. An der Markierung …

7. … auf die rechte Spitze falten. Das gleiche auf der Rückseite wiederholen. An der Markierung …

8. … den rechten vorderen Flügel wieder nach links falten. Auf der Rückseite wiederholen. An der ersten (1) Hilfslinie …

1. Mit Schritt 11 der Eule (Seite 14/15) beginnen. Die offene Spitze zeigt nach links. Beide Kanten des rechten vorderen Flügels …

4. Die rechte Spitze …

9. … die unteren linken Kanten auf beiden Seiten nach oben falten. An der zweiten (2) Markierung die rechte Spitze nach oben wenden. An der Hilfslinie …

2. … auf die waagerechte Mittellinie falten. Den oberen Teil des entstandenen schmalen Flügels …

5. … auf die linke Spitze falten. Den oberen Flügel …

3. … nach unten falten. Die Form umdrehen.

6. … nach unten falten. Die linke vordere Spitze …

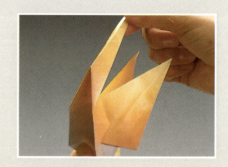

10. … die linke Spitze öffnen und nach oben wenden.

11. Die linke Spitze an der ersten (1) Hilfslinie...

12. ...nach links wenden.

13. Die Spitze an der zweiten (2) Hilfslinie nach rechts, an der dritten (3) nach links wenden.

14. Der Storch ist fertig.

Stehender Storch

1. Mit Schritt 11 der Eule (Seite 14/15) anfangen. Die offene Spitze zeigt nach links. Die vordere obere Hälfte nach unten falten. Die hintere untere Hälfte nach oben falten.

2. An den Markierungen knicken.

3. Die rechte obere Spitze öffnen und am Knick nach oben wenden.

4. Die rechte untere Spitze nach unten wenden. Beide Spitzen...

5. ...öffnen und die vorderen Hälften nach links klappen. An den Linien...

6. … zuerst die rechten Kanten zweimal nach links, dann die linken Kanten dreimal nach rechts falten.

10. Den linken vorderen Flügel am Mittelknick nach rechts falten. Die Form umdrehen.

14. Die linke Spitze öffnen, am Knick nach oben wenden. Die rechte Spitze am Knick nach unten wenden.

7. An der Markierung …

11. An den vorgegebenen Linien die Kanten des linken Flügels …

15. An den Hilfslinien den Hals und die Füße vorfalten.

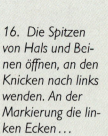

8. … die linke vordere Spitze nach rechts falten. An den Hilfslinien …

16. Die Spitzen von Hals und Beinen öffnen, an den Knicken nach links wenden. An der Markierung die linken Ecken …

12. … zur waagerechten Mitte hin falten. Die Form zusammenklappen.

9. … die beiden Ecken auf die waagerechte Mittellinie falten.

13. An den Markierungen vorfalten.

17. … nach innen falten. Den Schnabel wie beim fliegenden Storch (Schritt 11–14) arbeiten.

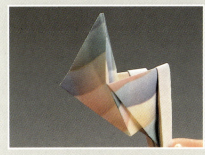

7. ... die linke Ecke nach oben ...

Pfauentaube

8. ... am zweiten (2) nach unten wenden. Die in Falten gelegten Flügel ...

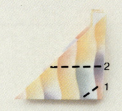

1. Ausgangsform ist ein quadratisches Blatt Papier, das an den Markierungen vorgefaltet wird.

4. ... auf die obere falten. An der ersten (1) Markierung vorfalten.

9. ... auf beiden Seiten nach oben klappen und die inneren Kanten zusammenkleben.

2. Die beiden linken Ecken auf den Mittelpunkt falten. Die weiße Seite bleibt innen.

5. Die rechte untere Ecke am Knick nach innen falten. An der zweiten (2) Markierung ...

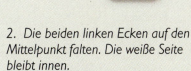

3. Die rechte Hälfte des Papiers wie eine Ziehharmonika bis zur Mitte falten. Die untere Hälfte ...

6. ... die oberen Ecken auf beiden Seiten nach unten falten. An den Hilfslinien vorfalten. Am ersten (1) Knick ...

10. Den Schwanz der Pfauentaube öffnen.

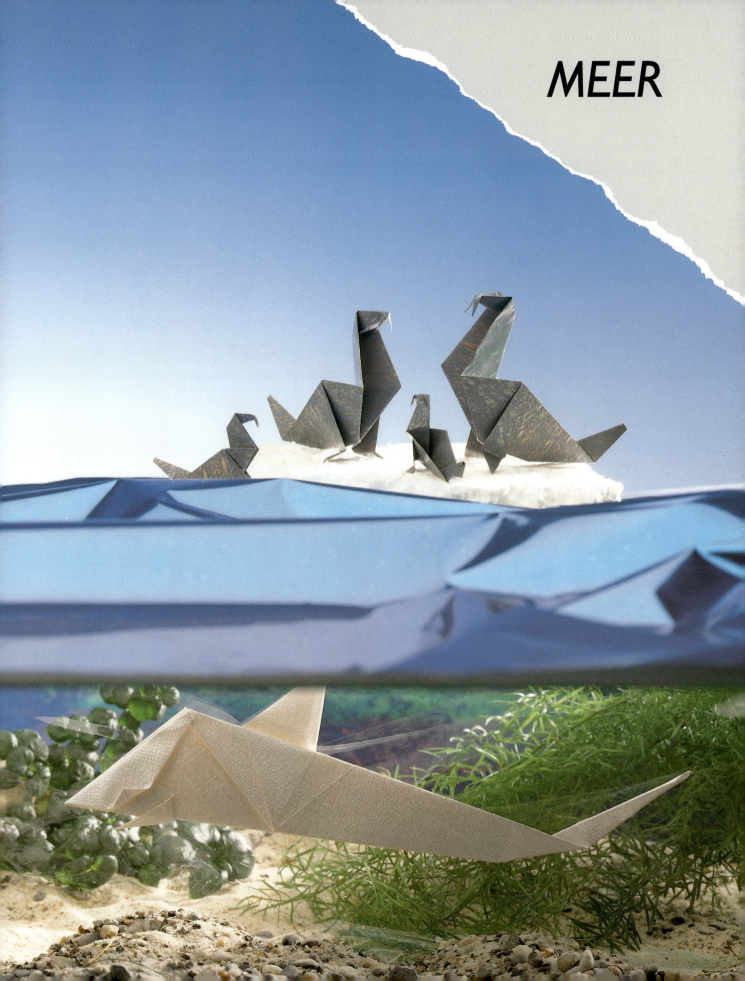

Seelöwe

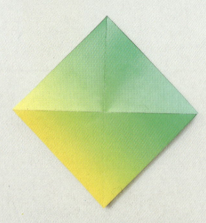

1. Ein quadratisches Blatt Papier an den Diagonalen knicken.

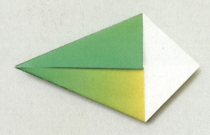

2. Die linken Kanten auf die waagerechte Mittellinie falten, die weiße Seite bleibt innen.

3. Die rechten Kanten auf die waagerechte Mittellinie falten.

4. Die letzten beiden Faltungen rückgängig machen.

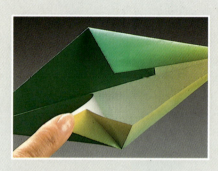

5. Die beiden innenliegenden Ecken, die in der Mitte zusammenstoßen, anheben, bis sie senkrecht stehen ...

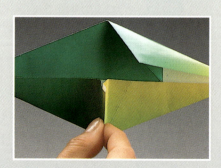

6. ... von beiden Seiten zusammendrücken und das Papier zur Auflagefläche hin feststreichen.

7. Die kleinen Flügel nach rechts klappen. Die untere Hälfte der Form ...

8. ... nach hinten falten. An der Hilfslinie die kleinen Flügel auf der Vorder- und Rückseite ...

9. ... nach links unten falten. (Die kleinen Flügel werden dabei halbiert.) An den Markierungen vorfalten.

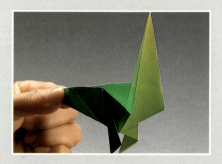

10. Die rechte Spitze am Knick nach oben wenden.

11. Die linke Spitze am Knick ebenfalls nach oben wenden und ein wenig nach innen falten. An der vorgegebenen Linie...

12. ... die rechte Spitze nach rechts wenden, an der Unterkante etwa um ein Drittel der Kopflänge einschneiden.

13. Die beiden Spitzen nach vorne bzw. hinten falten. Das ist der Schnauzbart des Seelöwen.

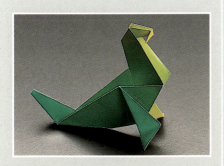

14. Die Vorderbeine etwas nach außen falten, und der Seelöwe steht.

Wal

1. Mit Schritt 7 des Seelöwen beginnen. Den rechten großen Flügel an der senkrechten Mittellinie...

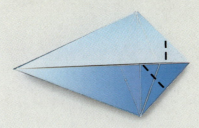

2. ... nach hinten falten und die Figur umdrehen. An den Hilfslinien die rechte untere Spitze...

3. ... nach unten, die rechte obere Spitze nach links auf die Mittellinie falten. Die untenliegende Spitze an der gestrichelten Linie...

4. ... nach oben falten.

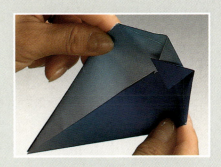

5. Die obere Hälfte der Form langsam auf die untere Hälfte falten, dabei das obere kleine Dreieck in das untere stecken...

6. ... zur oberen Hälfte drücken und festkleben.

7. Die Form zusammendrücken. An den Markierungen vorfalten. Die linke Spitze...

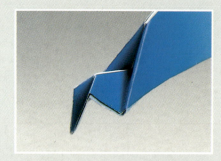

11. Am ersten (1) Knick die beiden ineinanderliegenden Spitzen nach unten wenden.

8. ...am ersten (1) Knick nach unten innen...

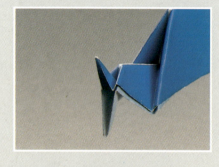

12. Am zweiten (2) Knick nur die obenliegende Spitze nach oben wenden.

9. ...am zweiten (2) Knick nach links wenden.

13. An der gestrichelten Linie die unteren Kanten auf beiden Seiten nach innen falten. Das ist die Bauchseite. Zum Abschluß den...

10. An den Hilfslinien vorfalten.

14. ...Mund und Körper runden.

Hai

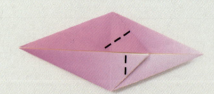

1. Mit Schritt 7 des Seelöwen (Seite 22) anfangen. Die Spitze des oberen kleinen Flügels an der Hilfslinie nach oben falten.

2. Die Spitze des unteren kleinen Flügels nach links falten. An der Markierung die rechte Spitze nach links falten.

3. An der ersten (1) Hilfslinie das untere kleine Dreieck nach unten falten und wieder zurückfalten. An der zweiten (2) Markierung...

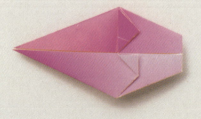

4. ...die rechte Spitze nach hinten falten.

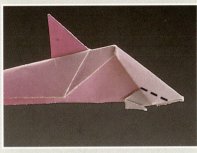

10. An der angegebenen Linie die Ecken auf beiden Seiten...

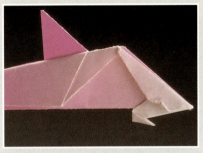

11. ... nach oben falten. Die unten-liegende kleine Spitze etwas nach unten ziehen.

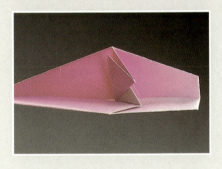

5. Die untere Hälfte der Form lang-sam auf die obere Hälfte falten, dabei das untere kleine Dreieck...

7. Die Form zusammendrücken. An der Hilfslinie...

12. An der Hilfslinie...

8. ... die oberen Kanten auf beiden Seiten nach unten falten. An der Mar-kierung...

13. ... die linke Spitze nach oben wenden.

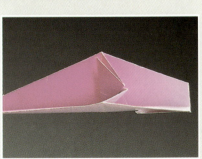

6. ... hinter das obere kleine Dreieck schieben und festkleben.

9. ... die rechten Ecken nach vorne bzw. hinten falten.

14. Der Hai kann schwimmen.

Rochen

1. Ausgangsform ist ein quadratisches Blatt Papier.

3. Die Form umdrehen.

5. Die kurzen rechten Kanten ebenfalls auf die Mitte falten und wieder zurückfalten.

2. Die vier Ecken auf den Mittelpunkt falten, die weiße Seite bleibt innen.

4. Die linken Kanten auf die Mitte falten.

6. Die beiden innenliegenden Ecken anheben, zusammendrücken...

26

7. . . . und nach rechts falten.

11. . . . nochmals auf die Mittellinie falten. An der ersten (1) gestrichelten Linie . . .

15. . . . die beiden Spitzen nach rechts falten. Die Spitzen öffnen . . .

8. Die Form umdrehen.

12. . . . die linke Spitze nach rechts, an der zweiten (2) wieder nach links falten.

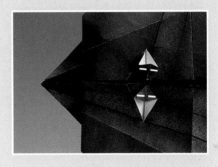

16. . . . und flachdrücken. An den Hilfslinien . . .

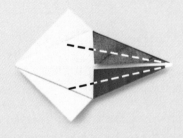

9. Die beiden Flügel der linken Seite öffnen. An den Hilfslinien . . .

13. Die Form umdrehen. Entlang der Hilfslinien . . .

17. . . . die Augen öffnen.

10. . . . die beiden rechten Kanten auf die waagerechte Mittellinie falten. An den Markierungen . . .

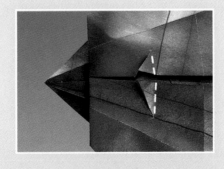

14. . . . schneiden. An den Markierungen dann . . .

18. Den Schwanz zusammendrücken und wellen.

WIESE

Schildkröte

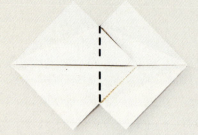

3. Die obere Papierlage an den Hilfs-linien schneiden und dann die linken Kanten …

4. … auf die waagerechte Mittellinie falten. Nun die kurzen rechten Kanten des farbigen Dreiecks …

7. … in der Mitte zusammendrücken, zur Auflagefläche hin feststreichen und …

8. … nach links falten. Die entstande-nen Spitzen an den Markierungen …

1. Mit Schritt 8 des Rochens (Seite 26) anfangen. Allerdings muß so begonnen werden, daß die farbige Seite des Papiers innen liegt.

5. … auf die waagerechte Mittellinie falten.

9. … nach rechts falten. Die Ecken des kleinen weißen Dreiecks an der senkrechten Mittellinie …

2. Die rechte und linke Hälfte der Form öffnen. Die Form umdrehen.

6. Die letzten Faltungen (Schritt 5) öffnen, die beiden an der Mittellinie liegenden Ecken anheben …

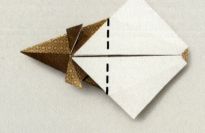

10. … nach links falten. Die rechte Spitze ein wenig nach links falten und wie bei Schritt 3 die obere Papierlage an den Hilfslinien schneiden.

11. Die Schritte 3–9 mit der rechten Hälfte der Form wiederholen. Das untere kleine Dreieck...

15. Die Spitze wieder nach links legen.

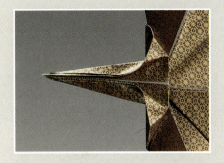

19. Die entstehenden kleinen Dreiecke...

12. ...senkrecht aufrichten. Den losen rechten Flügel...

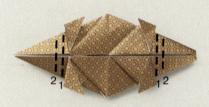

16. Das gleiche mit dem oberen Dreieck wiederholen. Die rechte und linke Spitze an den ersten (1) Hilfslinien...

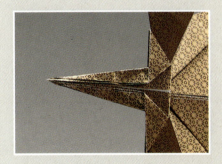

20. ...glattstreichen. Das ist der Schwanz der Schildkröte.

13. ...auf die linke Seite...

17. ...zur Mitte falten. An den zweiten (2) Markierungen wieder nach außen falten. An den Hilfslinien...

21. Die Form umdrehen.

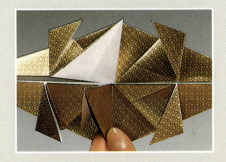

14. ...falten.

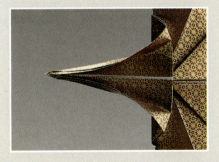

18. ...die linken Kanten der linken Spitze auf die Mittellinie falten.

22. Den Kopf und die Füße der Schildkröte etwas aufrichten.

Schmetterling

1. Ein quadratisches Blatt Papier an den Diagonalen und den Mittellinien vorfalten.

2. Die untere und obere Kante auf die waagerechte Mittellinie falten, die weiße Seite bleibt innen.

3. Die rechte und linke Kante auf die senkrechte Mittellinie falten und…

4. … wieder entfalten. An den Hilfslinien vorfalten.

5. Die beiden Ecken der linken Seite, die auf der Mittellinie liegen, anheben, nach außen ziehen und…

6. … gleichzeitig die linke Kante auf die senkrechte Mittellinie drücken.

7. Gegengleich mit der rechten Hälfte wiederholen.

8. Die linken Spitzen nach links falten.

11. ... den linken Teil der Figur nach rechts hinten falten.

12. Die obere Hälfte nach hinten falten. An der Markierung vorfalten.

15. ... die untere vordere Ecke nach innen drücken.

9. Die linken Spitzen an den Markierungen ...

13. Am entstandenen Knick die unteren Spitzen auf beiden Seiten nach oben falten.

16. Das gleiche mit der hinteren Ecke wiederholen.

10. ... nach oben bzw. unten falten. An der senkrechten Mittellinie ...

14. An der Hilfslinie ...

17. Die Figur öffnen. Der Schmetterling ist fertig.

5. ... deckungsgleich auf die hinteren offenen Spitzen falten.

6. Die Form umdrehen. An den Markierungen die linken vorderen Spitzen nach oben bzw. unten falten.

Libelle

1. Mit Schritt 11 der Eule (Seite 14/15) beginnen. Die offene Spitze liegt links.

3. Die beiden Spitzen der rechten Seite langsam auseinanderziehen ...

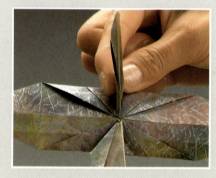

7. Die linke obere Spitze senkrecht hochziehen ...

2. Die vordere obere und untere Ecke auf den Mittelpunkt falten. Auf der Rückseite wiederholen.

4. ... bis in der Mitte ein kleines Quadrat entsteht. Die linke Spitze ...

8. ... öffnen und flachdrücken.

9. Mit der linken unteren Spitze wiederholen.

12. ... mit der unteren Kante wiederholen. Die untere Hälfte der Figur nach hinten falten.

15. Die linke Spitze öffnen und nach oben aufrollen: Das wird der Kopf. An der Hilfslinie (Schritt 14) ...

10. Die Form umdrehen. An der oberen gestrichelten Linie ...

13. An der ersten (1) Hilfslinie die oberen Flügel schneiden. An der zweiten (2) Hilfslinie die linke und an der dritten (3) die rechte Spitze ...

16. ... die rechte Spitze anheben, zu den Flügeln drücken und öffnen.

11. ... die obere Kante auf die waagerechte Mittellinie falten und die entstehenden kleinen Dreiecke glattstreichen. Das gleiche ...

14. ... nach unten wenden.

17. Die vier Flügelspitzen jeweils ein wenig nach innen falten.

Skorpion

1. Ausgangsform ist ein dreieckiges Papier. Man erhält diese Form, indem man ein quadratisches Papier an der Diagonalen teilt. An den Hilfslinien...

4. Die linke Hälfte der Form öffnen, den linken Teil am entstandenen Knick nach innen falten.

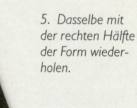

5. Dasselbe mit der rechten Hälfte der Form wiederholen.

7. ... die obere rechte und linke Kante zur Mittellinie hin falten. An den Hilfslinien...

8. ...die obere Hälfte treppenförmig falten. An den beiden Markierungen...

9. ... die unteren Spitzen nach rechts bzw. links falten. An den ersten (1) Hilfslinien...

10. ... die rechte und linke Spitze nach unten falten. An der zweiten (2) Linie die mittlere untere Ecke etwas nach oben, an der dritten (3)...

2. ... die rechte und linke Ecke auf die obere Ecke falten. Die weiße Seite bleibt innen. An den Markierungen...

3. ... die obere rechte und linke Kante auf die senkrechte Mittellinie falten und wieder entfalten.

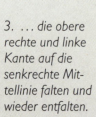

6. Die beiden obenliegenden Spitzen nach unten falten. An den gestrichelten Linien...

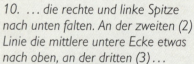

... wieder nach unten falten. An den Hilfslinien...

11. ... die beiden Spitzen nach innen wenden.

12. Die Form umdrehen. An den Markierungen ...

Heuschrecke

1. Mit Schritt 5 des Skorpions beginnen. An den Hilfslinien schneiden.

4. ... die rechte vordere Spitze nach oben falten. An der gestrichelten Linie die rechte obere Kante des vorderen Flügels ...

13. ... die unteren Spitzen nach außen wenden.

2. Die Form so legen, daß die geschnittene Seite nach links zeigt.

5. ... nach hinten falten. Das gleiche mit dem hinteren Flügel wiederholen. An der Hilfslinie ...

14. Die Form in der Mitte zusammenhalten und den Hinterleib langsam nach oben ziehen.

3. Die obere Hälfte der Form in der waagerechten Mitte nach hinten falten. An der Markierung ...

6. ... die linken Kanten auf beiden Seiten nach innen falten. An der Markierung ...

7. ... die rechten unteren Kanten auf beiden Seiten nach innen falten. Die obere Spitze an den gestrichelten Linien vorfalten.

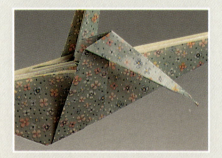

8. Die Spitze öffnen, am ersten (1) Knick nach unten ...

9. ... am zweiten (2) nach rechts wenden. Das gleiche auf der Rückseite wiederholen.

10. Die linke Spitze an den Markierungen vorfalten.

11. Die Spitze am ersten (1) Knick nach unten ...

12. ... am zweiten (2) nach oben ...

13. ... am dritten (3) nach unten wenden.

14. Die Heuschrecke ist bereit zum Hüpfen.

Amaryllis

1. Für eine Blüte werden drei rechteckige Papiere benötigt, deren Breite zwei Drittel der Länge sein sollte. Alle Papiere werden auf dieselbe Weise gefaltet. An der waagerechten Mittellinie vorfalten. Die vier Ecken auf die Mittellinie falten, die weiße Seite bleibt innen.

2. Die obere und untere Kante auf die waagerechte Mittellinie falten.

3. Die untere Hälfte nach oben falten. Aus Kreppapier dünne Rollen formen ...

4. ... auf die Mittellinie legen, die Enden etwas runden.

4. Die Ecken öffnen und am Knick nach innen wenden.

5. Die obere Hälfte der Form nach hinten falten.

Sternmagnolie

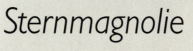

1. Für eine Blüte werden drei rechteckige Papiere benötigt, deren Breite zwei Drittel der Länge betragen sollte. An der waagerechten Mittellinie vorfalten.

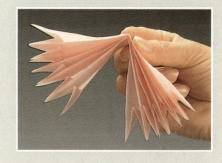

6. Die beiden anderen Papiere ebenso falten. Alle drei Formen aufeinanderlegen und in der Mitte knicken.

5. Die beiden anderen Papiere genauso falten. Alle drei Formen aufeinanderlegen und in der Mitte knikken. Einen Draht um den Knick legen und an den Enden zusammendrehen.

2. Die obere und untere Kante auf die Mittellinie falten.

6. Die Blüte öffnen und formen. Mehrere Blüten falten und zusammenstellen. Diese rote Amaryllis stammt aus Südafrika und besteht aus mehreren einzelnen Blüten.

3. Die vier Ecken auf die Mittellinie falten.

7. Einen Draht über den Knick legen und an den Enden zusammendrehen. Die Blüte formen.

39

Chrysantheme

5. Die Falte feststreichen.

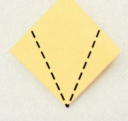

6. Dasselbe auf der Rückseite wiederholen. Die vorderen Flügel an den Markierungen auf die senkrechte Mittellinie vorfalten.

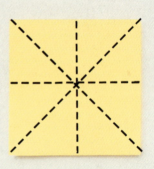

1. Ein quadratisches Papier an den Diagonalen und den Mittellinien vorfalten.

3. Die rechte Hälfte des Papiers senkrecht aufstellen . . .

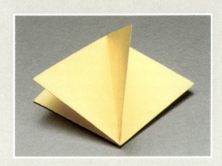

7. Den rechten vorderen Flügel senkrecht hochziehen . . .

2. An einer Diagonalen falten und die offene Ecke nach oben legen.

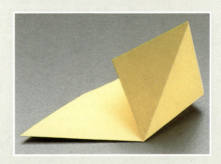

4. . . . öffnen und flachdrücken.

8. . . . öffnen und flachdrücken. Den entstandenen kleinen linken Flügel . . .

9. … nach rechts falten.

13. Die zwei vorderen rechten Flügel nach links falten und die obere Ecke wie in Schritt 12 nach unten falten.

17. … den oberen Teil der Figur nach links falten.

10. Die Schritte 7 und 8 mit dem linken vorderen Flügel gegengleich wiederholen.

14. Diese Figur umdrehen und Schritt 13 wiederholen.

18. Die Blätter öffnen und die Blüte formen.

11. Alle Faltungen ab Schritt 7 auf der Rückseite wiederholen. An der gestrichelten Linie …

15. Die linke auf die rechte Hälfte …

12. … die obere vordere Spitze nach unten falten. Desgleichen auf der Rückseite.

16. … klappen. An der Hilfslinie …

19. Die Chrysantheme ist fertig.

URWALD

2. An der senkrechten Mittellinie die beiden rechten Flügel nach vorne bzw. nach hinten auf die linken Flügel falten. An der Hilfslinie ...

5. ... die unteren Kanten des vorderen Flügels auf die senkrechte Mittellinie falten. An den gestrichelten Linien ...

3. ... den äußeren Flügel öffnen und nach rechts wenden.

6. ... die unteren Kanten des hinteren Flügels nach vorne auf die senkrechte Mittellinie falten. Die oberen Kanten des Flügels ebenfalls auf die Mittellinie falten.

Giraffe

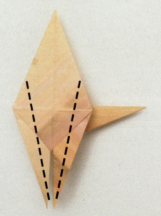

1. Mit Schritt 11 der Eule (Seite 14/15) beginnen. Die offene Spitze liegt oben.

4. Den vorderen linken Flügel nach rechts falten. An den Markierungen ...

7. Die rechte Hälfte nach links klappen. An der Hilfslinie ...

8. ... die rechte Spitze nach unten wenden. An der Markierung ...

11. Die obere Spitze an der ersten (1) Markierung ...

15. Beide Spitzen leicht rollen. Die oberen Ecken ...

9. ... die rechten Kanten auf beiden Seiten nach vorne bzw. nach hinten falten. An der ersten (1) Hilfslinie ...

12. ... nach links ...

16. ... auf beiden Seiten nach unten drücken und zu Ohren formen.

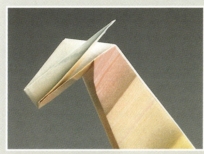

13. ... an der zweiten (2) Markierung nach oben außen wenden.

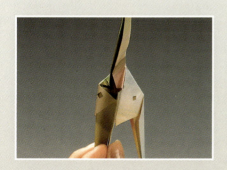

10. ... den Hals bis zur zweiten (2) Hilfslinie nach innen drücken.

14. Die Spitze etwas einschneiden.

17. Das ist die fertige Giraffe.

Krokodil

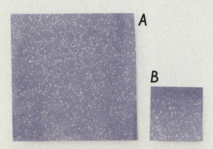

Man benötigt zwei quadratische Papiere: Eins muß etwa ein Drittel der Kantenlänge des anderen haben.

Körper:

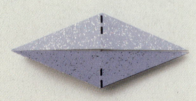

1. Das große Papier A bis Schritt 11 der Eule (Seite 14/15) falten. Die offene Spitze zeigt nach rechts. An den Hilfslinien...

2. ...den linken vorderen Flügel schneiden.

3. Den Flügel wieder nach links falten. An den Markierungen...

4. ...die beiden Kanten des linken vorderen Flügels auf die waagerechte Mittellinie falten. An der gestrichelten Linie...

5. ...die linke vordere Spitze auf die rechte Spitze falten.

6. Die Form umdrehen. An den Hilfslinien...

7. ...die linke obere und untere Kante auf die waagerechte Mittellinie falten. An den Markierungen...

8. ...die beiden rechten obenliegenden Spitzen nach links klappen. An den gestrichelten Linien...

Kopf:

9. … die beiden Spitzen nach oben bzw. unten vorfalten.

13. … die obere und untere Ecke auf die Mitte falten und dann an den Markierungen …

17. Für den Kopf wird das kleine Papier B verwendet. Mit Schritt 11 der Eule (Seite 14/15) beginnen. Die offene Spitze zeigt nach links. Die beiden rechten Spitzen …

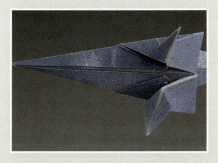

10. Den unteren Teil der unteren Spitze bis zum Knick öffnen; es entsteht eine Rhombusform.

14. … wieder nach oben bzw. nach unten falten.

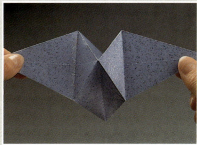

18. … auseinanderziehen, bis …

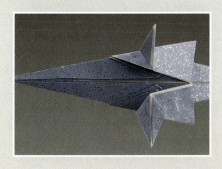

11. Die Spitze etwas nach rechts ziehen und flachdrücken.

15. Die Form umdrehen. An der gestrichelten Linie …

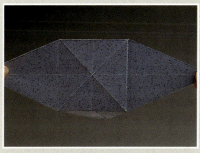

19. … das Papier ganz glatt ist.

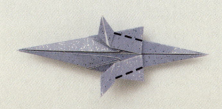

12. Die obere Spitze wird genauso gefaltet. An den Hilfslinien …

16. … die linke Spitze nach rechts falten.

20. Die Form umdrehen. An den Markierungen …

21. ... die beiden abstehenden Spitzen in der Mitte zusammendrücken, bis nach unten zur Auflagefläche hin feststreichen ...

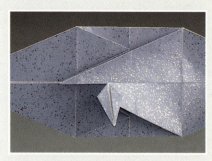

25. Die Spitze etwas nach rechts ziehen, flachdrücken und festkleben.

29. Die Figur an den Seiten eindrükken, bis sich das Maul öffnet.

22. ... und nach links legen. An der gestrichelten Linie ...

26. Die obere Spitze genauso falten. Das sind die Augen. An den Hilfslinien ...

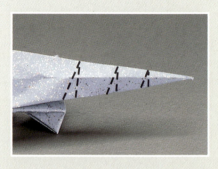

30. Wenn man den Schwanz an den Markierungen ...

23. ... die untere Spitze nach unten vorfalten.

27. ... die rechte und linke Spitze nach hinten falten. Bis zur Linie ...

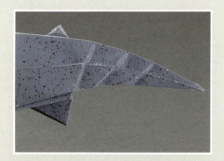

31. ... faltet, krümmt er sich.

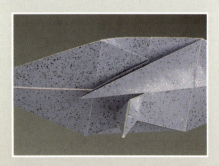

24. Den unteren Teil der Spitze bis zum Knick öffnen.

28. ... den Kopf in den Körper stekken und die Figur zusammenkleben.

32. Die Vorderbeine etwas nach hinten drehen.

6. ... nach links wenden. Die Spitze an der Hilfslinie nach unten vorfalten und nach außen wenden. Das ist der Kopf.

7. Für den Schwanz die rechte Spitze der Figur an den Hilfslinien vorfalten.

Schlange

3. ... nochmals die beiden rechten Kanten auf die Mittellinie falten.

8. Die Spitze am ersten (1) Knick nach unten ...

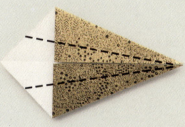

1. Die rechten Kanten eines quadratischen Papiers auf die Mittellinie falten. An den Hilfslinien ...

4. Die obere Hälfte nach unten klappen. Die linke Spitze an der Hilfslinie vorfalten und am Knick ...

9. ... am zweiten (2) Knick nach oben wenden.

2. ... die rechten Kanten wieder auf die Mittellinie falten. An den Markierungen ...

5. ... nach oben wenden. An der Markierung vorfalten. Die Spitze nach rechts wenden. An der Hilfslinie ...

10. Durch weitere Knicke kann man den Schwanz der Schlange in zusätzliche Windungen legen.

5. ... dann nach oben vorfalten.

Hirsch

Man benötigt zwei Papiere.

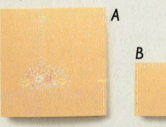

A. Ein großes Blatt für den Körper.
B. Ein kleines Blatt für das Geweih, das genau ein Viertel der Größe von Papier A hat.

Körper:

1. Papier A bis Schritt 11 der Eule (Seite 14/15) vorbereiten. Die offene Seite zeigt nach links.

2. Die rechte hintere Spitze auf die linke hintere Spitze falten.

3. Die vordere obere Hälfte in der Mitte auf die untere Hälfte falten. Die linke Spitze des vorderen Flügels an den Hilfslinien ...

4. ... erst nach unten ...

6. Nun die linke Spitze hochheben, an den Knicken in der Mitte zusammendrücken ...

7. ... und nach unten falten. An der Markierung ...

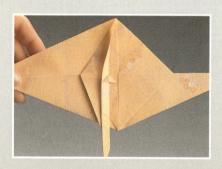

8. ... die rechte Kante des mittleren Dreiecks nach links falten. Das entstandene kleine Dreieck flachdrücken.

9. Die bereits dadurch nach unten gezogene obere Ecke flachdrücken.

10. Die vorderen unteren Flügel ...

11. ... nach oben falten. Die Schritte 4 und 5 mit dem linken Flügel wiederholen. An den gestrichelten Linien ...

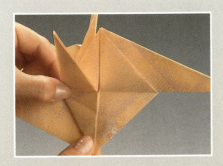

12. ... die linke Spitze des vorderen Flügels vorfalten, hochheben, an den Knicken zusammendrücken und ...

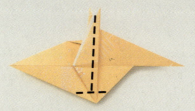

13. ... hochfalten. An den Hilfslinien ...

14. ... die rechte Kante des mittleren Dreiecks nach links falten.

15. Das entstandene kleine Dreieck flachdrücken. Die untere Ecke nach oben falten.

16. Den vorderen oberen Flügel in der Mitte nach unten klappen.

Geweih:

17. Für das Geweih wird das kleine Papier B bis Schritt 7 des Seelöwen (Seite 22) gefaltet. Die Spitzen des kleinen Flügels zeigen nach links.

18. Die rechten Kanten auf die Mitte falten. An den Markierungen ...

19. ... die rechte Spitze nach vorne und die beiden Kanten auf der linken Seite nach hinten falten.

20. Die Form B umdrehen ...

21. ... und mit der stumpfen Spitze unter den kleinen Flügel der Form A stecken und zusammenkleben.

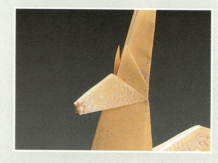

22. Die obere Hälfte der Figur...

26. Die Spitze des Kopfes ein wenig nach innen falten. An der ersten (1)...

30. Die Vorderbeine an der ersten (1) Hilfslinie...

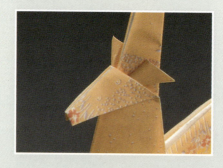

23. ... nach hinten klappen. An den gestrichelten Linien die rechte Spitze nach unten, die linke Spitze...

27. ... Markierung (Schritt 25) die Ohren nach rechts falten. An der zweiten (2) Markierung...

31. ... nach links, an der zweiten (2) Hilfslinie nach unten wenden.

24. ... nach oben wenden. Die rechten Kanten an den Hilfslinien auf beiden Seiten...

28. ... das Geweih nach rechts, an der dritten (3) nach oben wenden.

32. Die Spitze für die Hinterbeine an der dritten (3) Markierung (Schritt 30) nach rechts...

25. ... nach links falten. Die linke vordere Spitze nach links wenden. Das wird der Kopf.

29. Den Bauch an der gestrichelten Linie auf beiden Seiten nach innen falten.

33. ... an der vierten (4) nach unten wenden. Der Hirsch ist fertig.

4. ... öffnen und den unteren kleinen Flügel nach innen in den linken Flügel stecken.

Löwe

Man benötigt zwei Papiere.

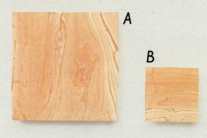

A. Ein großes Blatt für das Vorderteil.
B. Ein kleines Blatt für das Hinterteil, das genau ein Viertel der Größe von Papier A hat.

Vorderteil:

1. Papier A bis Schritt 11 der Eule (Seite 14/15) vorbereiten. Die offene Spitze zeigt nach oben.

2. An der senkrechten Mittellinie den rechten vorderen Flügel nach links vorne, den rechten hinteren Flügel nach links hinten falten. An der Hilfslinie ...

3. ... den äußeren Flügel nach rechts wenden. Den linken Flügel an der langen rechten Seite ...

5. Den linken Flügel wieder zusammenklappen. Dasselbe auf der Rückseite wiederholen. An der Markierung ...

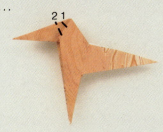

6. ... die obere Spitze nach links wenden. An den gestrichelten Linien vorfalten.

7. Am ersten (1) Knick nach oben ...

8. … am zweiten (2) Knick nach links wenden. An den Hilfslinien knicken.

12. Die Vorderbeine an den Markierungen vorfalten.

16. Die Pfoten am ersten (1) Knick nach rechts …

9. Die Spitze öffnen, am ersten (1) Knick nach oben …

13. Am ersten (1) Knick nach rechts oben …

17. … am zweiten (2) Knick nach links wenden. Die Spitzen ein wenig nach innen falten.

10. … am zweiten (2) Knick nach unten …

14. … am zweiten (2) Knick nach unten wenden.

18. Die rechte Spitze an der Hilfslinie vorfalten.

11. … am dritten (3) Knick nach links wenden. Die Spitze ein wenig nach innen falten.

15. Die Vorderpfoten an den gestrichelten Linien vorfalten.

19. Die Spitze öffnen und nach unten wenden. Das wird der Schwanz.

Hinterbeine:

20. Für die Hinterbeine das kleine Papier B an einer Diagonalen vorfalten.

21. Die oberen Kanten auf die senkrechte Mittellinie falten. Die weiße Seite bleibt innen.

22. Die unteren Kanten ebenfalls auf die senkrechte Mittellinie falten.

23. Die rechte Hälfte nach links klappen.

24. Form B um Form A kleben.

25. An den Hilfslinien vorfalten.

26. Am ersten (1) Knick die rechte Spitze der Form B nach innen wenden.

27. Die Hinterbeine am zweiten (2) Knick nach oben ...

28. ... und am dritten (3) Knick nach unten wenden.

29. Die oberen Kanten des Schwanzes auf beiden Seiten nach unten falten. Die Füße an den Hilfslinien vorfalten.

30. Am ersten (1) Knick nach rechts, am zweiten (2) nach links wenden.

31. Die Spitzen ein wenig nach innen falten, und der Löwe steht.

5. Die Falten feststreichen und die Form umdrehen.

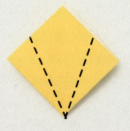

6. Die Schritte 3–5 mit der linken Hälfte der Figur wiederholen. Die offene Ecke zeigt nach oben. An den Hilfslinien ...

Löwin

1. Ein großes quadratisches Blatt Papier (ca. 20–25 cm im Quadrat) wird an den gestrichelten Linien viermal in der Mitte vorgefaltet.

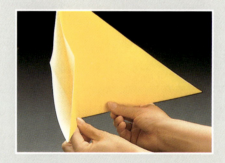

3. Die linke Hälfte des Papiers senkrecht hochziehen ...

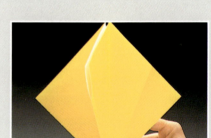

7. ... vorfalten. Den linken vorderen Flügel senkrecht hochziehen ...

2. Das Papier diagonal in der Mitte falten. Die weiße Seite bleibt innen.

4. ... öffnen und flachdrücken.

8. ... öffnen und auseinanderdrücken.

9. Den kleinen rechten Flügel ...

10. ... nach links falten.

11. Den rechten vorderen Flügel ebenfalls senkrecht hochziehen, öffnen und auseinanderdrücken.

12. Die Arbeitsschritte 7–11 auf der Rückseite wiederholen. Die Form an der Hilfslinie vorfalten.

13. Die beiden oberen vorderen Kanten auf die senkrechte Mittellinie falten und wieder öffnen.

14. Die waagerechte Kante des vorderen Flügels langsam öffnen ...

15. ... und die rechte und linke Ecke nach innen auf die senkrechte Mittellinie drücken.

16. Die Faltung feststreichen. Das kleine Dreieck in der Mitte ...

17. ... nach oben legen.

18. Die Schritte 13–17 mit den drei anderen Flügeln mit waagerechter Kante wiederholen. Die Rhombusform hat jetzt oben vier Spitzen (zwei Spitzen auf der rechten und zwei Spitzen auf der linken Seite). An der Linie.

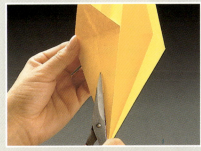

19. ... nur den vorderen Flügel schneiden. Die Form umdrehen.

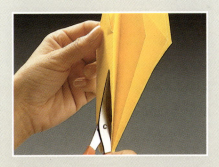

20. Auch hier nur den vorderen Flügel schneiden. Wichtig: Nicht die innenliegenden Flügel schneiden.

21. Die Form so hinlegen, daß die Spitze mit den geschnittenen Flügeln nach oben zeigt. An den Hilfslinien vorfalten. An den Knicken…

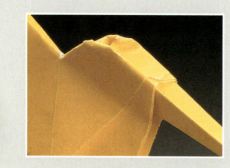

25. … auf beiden Seiten nach innen falten.

29. Das kleine Dreieck in der Mitte…

22. … die rechte obere Spitze nach rechts und die linke obere Spitze nach links wenden. An der Markierung…

26. An der zweiten (2) Markierung (Schritt 24) die rechte Spitze nach oben…

30. … nach oben legen. Das gleiche auf der Rückseite wiederholen. An den gestrichelten Linien…

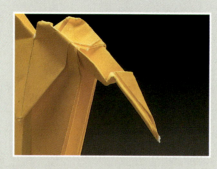

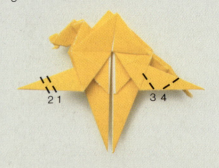

23. … die oberen Kanten der rechten Spitze auf beiden Seiten nach innen falten.

27. … und an der dritten (3) nach unten wenden. Das ist der Schwanz.

31. … die linke untere Spitze nach links und die rechte untere nach rechts wenden. An der ersten (1) Linie…

24. An der ersten (1) Markierung die kleinen Ecken…

28. Die linke obere Spitze von Schritt 6–11 des Löwen (Seite 53/54) falten.

32. … die linke Spitze nach rechts oben…

33. ... an der zweiten (2) wieder nach links wenden.

37. ... nach innen wenden.

41. ... die rechte Spitze nach links unten wenden.

34. Die rechte Spitze an der dritten (3) Markierungslinie (Schritt 31) nach unten ...

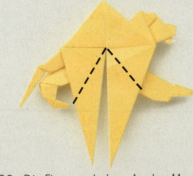

38. Die Figur umdrehen. An den Markierungen ...

42. Beide Spitzen ein wenig nach innen falten. An der gestrichelten Linie ...

35. ... an der vierten (4) nach links wenden.

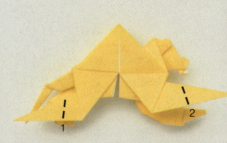

39. ... die linke und rechte untere Spitze nach links bzw. rechts wenden. An der ersten (1) Hilfslinie ...

43. ... die Spitzen der oberen Dreiecke auf beiden Seiten nach unten falten.

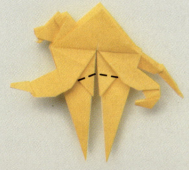

36. Die beiden Spitzen ein wenig nach innen falten. Die kleinen Ecken in der Mitte an den Hilfslinien ...

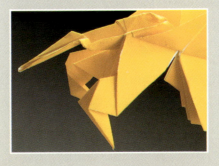

40. ... die linke Spitze nach rechts wenden. An der zweiten (2) Hilfslinie ...

44. Die beiden Dreiecke nach unten klappen. Die Löwin ist fertig.

5. Die linke Spitze öffnen. An der Linie (1) die vordere Papierlage schneiden. An den Linien (2) …

5. Die linke Spitze öffnen. An der Linie (1) die vordere Papierlage schneiden. An den Linien (2) …

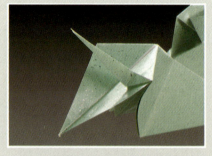

Einhorn

6. … zusammendrücken.

1. Ein großes quadratisches Papier (ca. 20–25 cm im Quadrat) bis Schritt 20 der Löwin (Seite 58) falten. Die Spitze mit den geschnittenen Flügeln zeigt nach oben. An den Linien …

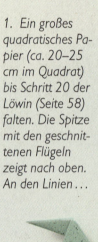

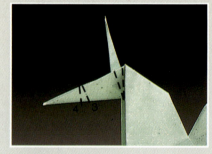

3. … die oberen Kanten der rechten Spitze auf beiden Seiten nach innen falten. An der zweiten (2) Hilfslinie die rechte Spitze nach unten …

7. Die linke Spitze wieder zusammenklappen. An der ersten (1) Linie …

2. … die rechte obere Spitze nach rechts und die linke obere Spitze nach links wenden. An Markierung (1) …

4. … an der dritten (3) nach rechts wenden. Das ist der Schwanz.

8. … die Spitze auf beiden Seiten nach rechts außen bis zur zweiten (2) Markierung drücken.

17. Mit den Schritten 12–14 die beiden

9. An der dritten (3) Markierung nach rechts, an der vierten (4) nach links wenden. Die Spitze ein wenig nach rechts innen falten. Das ist der Kopf.

13. … auf beiden Seiten nach innen falten. An den Markierungen …

14 … die rechte und linke Spitze nach unten wenden.

unteren Spitzen zu Beinen formen.

10. Das kleine Dreieck in der Mitte …

18. Die vier Fußspitzen etwas nach rechts wenden.

11. … nach oben legen. Das gleiche auf der Rückseite wiederholen. An den Hilfslinien …

15. Die zwei kleinen Ecken in der Mitte an den Hilfslinien nach innen wenden.

19. Die Spitzen der oberen Dreiecke auf beiden Seiten etwas nach unten falten.

12. … die linke vordere Spitze nach links und die rechte vordere Spitze nach rechts wenden. Beide Spitzen öffnen und die unteren Kanten an den gestrichelten Linien …

16. Die Form umdrehen.

20. Die beiden Dreiecke nach unten klappen. Die kleinen Ecken auf der rechten Rückenhälfte auf beiden Seiten ein wenig nach innen falten. Das ist das fertige Einhorn.

5. Den linken
vorderen Flügel
nach rechts klap-
pen. Das gleiche
auf der Rückseite
wiederholen.

Pegasus

6. Die vordere
obere Spitze auf
die untere Spitze
falten. Das glei-
che auf der Rück-
seite wiederholen.
An den Hilfslinien
die rechte obere
Spitze . . .

1. Mit Schritt 18 der Löwin (Seite
56/57) beginnen. Die offene Spitze
zeigt nach oben. Den linken vorderen
Flügel nach rechts falten. Das gleiche
auf der Rückseite wiederholen. An der
Markierung . . .

3. Die zwei rechten vorderen Flügel
nach links klappen. Das gleiche auf
der Rückseite wiederholen. An der
Markierung wieder den vorderen unteren Flügel schneiden. Das gleiche auf
der Rückseite wiederholen.

7. . . . nach rechts und die linke obere
Spitze nach links wenden. An der
ersten (1) Markierung . . .

4. Die Form so
hinlegen, daß die
geschnittenen
Flügel nach oben
zeigen.

2. . . . nur den vorderen unteren Flügel
schneiden. Die Form umdrehen. Auch
hier ausschließlich den vorderen Flügel
bis zur Mitte schneiden.

8. . . . die rechte Spitze nach oben
wenden. An der zweiten (2) Markierung die rechten oberen Ecken auf
beiden . . .

9. … Seiten nach innen falten. Das ist der Schwanz.

10. Die linke Spitze an der ersten (1) Markierung …

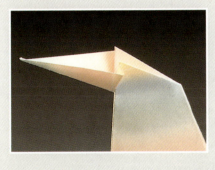

11. … auf beiden Seiten nach rechts außen bis zur zweiten (2) Markierung drücken.

12. An der dritten (3) Markierung nach rechts und an der vierten (4) nach links wenden. Die Spitze ein wenig nach rechts innen falten.

13. Den vorderen Flügel und das darunterliegende kleine Dreieck …

14. … nach oben klappen. Das gleiche auf der Rückseite wiederholen. An den Hilfslinien …

15. … die linke vordere Spitze nach links und die rechte vordere Spitze nach rechts wenden. Beide Spitzen öffnen und die unteren Kanten an den Markierungen …

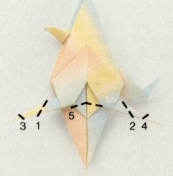

16. … auf beiden Seiten nach innen falten. An der ersten (1) und zweiten (2) gestrichelten Linie …

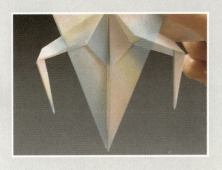

17. … die rechte und linke vordere Spitze nach unten wenden.

18. An der dritten (3) und vierten (4) Hilfslinie (Schritt 16) die beiden Spitzen nach rechts wenden.

19. An der fünften (5) Linie (Schritt 16) die kleinen Ecken in der Mitte …

20. … nach oben innen wenden. Die Form umdrehen.

21. Die Schritte 17 bis 19 mit den beiden unteren Spitzen wiederholen. An der Hilfslinie...

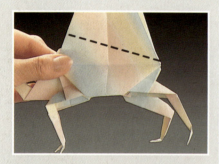

22. ... die obere Ecke des kleinen vorderen Dreiecks nach unten falten. Das vordere Dreieck in der Mitte nach unten klappen. Das gleiche auf der Rückseite wiederholen. An der Hilfslinie...

Dinosaurier

Man benötigt zwei gleich große quadratische Papiere. Papier A wird zum Hinterteil.

Hinterteil:

1. Papier A bis Schritt 11 der Eule (Seite 14/15) falten. Die offene Spitze zeigt nach links. Die beiden rechten Spitzen...

23. ... die Flügel des Pegasus auf beiden Seiten etwas nach unten falten.

A   B

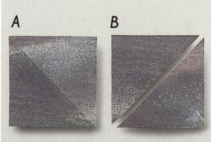

Papier B an einer Diagonalen teilen und ein Dreieck für das Vorderteil benutzen.

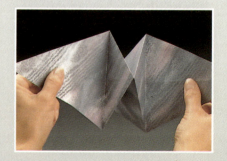

2. ... auseinanderziehen, bis ...

3. ... das Papier ganz glatt ist.

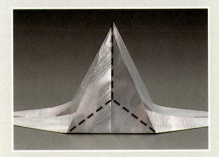

4. Die Form umdrehen. An den Linien die beiden abstehenden Spitzen...

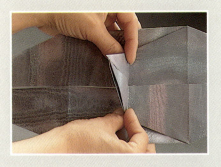

5. ... in der Mitte zusammendrücken, von oben bis nach unten zur Auflagefläche hin feststreichen...

6. ... und nach links legen.

7. Die Form umdrehen. An der ersten (1) Markierung...

8. ... die linke Spitze nach rechts falten. An der zweiten (2) Markierung die rechten Kanten zur Mitte falten.

9. Die untere Hälfte der Form nach oben falten. An der gestrichelten Linie die Spitze des kleinen Flügels...

10. ... nach unten falten. Auf der Rückseite wiederholen. Den Schwanz an der ersten (1) Hilfslinie...

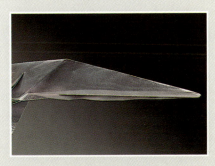

11. ... auf beiden Seiten nach innen bis zur zweiten (2) Hilfslinie drücken.

Vorderteil:

12. Das dreieckige Papier B in der Mitte vorfalten.

13. Die unteren Ecken auf die obere Ecke falten, die weiße Seite des Papiers bleibt innen.

14. Die oberen Kanten auf die senkrechte Mittellinie vorfalten.

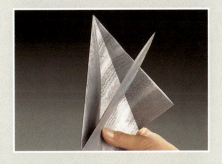

15. Die linke Hälfte der Form öffnen, den linken Teil am entstandenen Knick nach innen falten.

16. Das gleiche auf der rechten Seite wiederholen. Die vorderen oberen Spitzen nach unten klappen. An den Linien...

17. ... die oberen Kanten auf die hintere Mitte falten. Die rechte Hälfte nach hinten klappen. Den Hals an der ersten (1) Hilfslinie ...

21. Die Spitze öffnen, am entstandenen Knick nach außen wenden und ein wenig nach innen falten.

23. ... und die Figur zusammenkleben. An der ersten (1) Markierung ...

18. ... auf beiden Seiten nach innen bis zur zweiten (2) Hilfslinie drücken.

22. Den hinteren Teil in den vorderen stecken ...

24. ... den Fuß nach rechts und an der zweiten (2) Markierung ...

19. Die Beine an der dritten (3) Markierung nach rechts oben, an der vierten (4) nach unten wenden.

25. ... nach links wenden. Das gleiche mit den anderen Füßen wiederholen.

20. Die obere Spitze an der fünften (5) Markierung (Schritt 17) nach links wenden. An der Hilfslinie vorfalten.

26. Man kann die Haltung des Dinosauriers durch Knicken des Halses und des Schwanzes verändern.

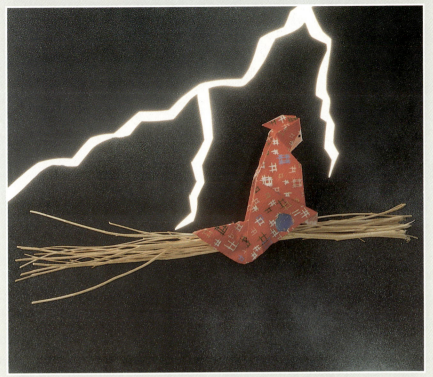

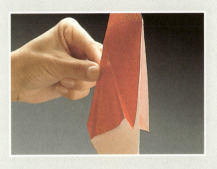

5. ... nochmals
nach links wenden.
An den Markierungen vorfalten.

Hexe

1. Ein quadratisches Blatt Papier...

3. ... die linken oberen Kanten auf beiden Seiten nach rechts falten. An der ersten (1) Markierung...

6. Die rechte Ecke an den entstandenen Knicken nach oben falten.

7. Das gleiche auf der Rückseite wiederholen. Die untere Spitze an der gestrichelten Linie...

2. ... diagonal in der Mitte falten. Die weiße Seite liegt außen. An der Hilfslinie...

4. ... die obere Spitze nach links, an der zweiten (2) nach rechts wenden. Die Spitze an der Hilfslinie...

8. ... nach links wenden. Wenn die Hexe auf einem Besen sitzt, kann sie fliegen.

TIER-
PARK

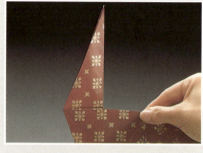

5. Die linke Hälfte öffnen, die Spitze senkrecht nach oben ziehen.

6. Die linke Hälfte wieder schließen und flachdrücken.

Eichhörnchen

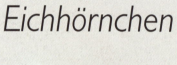

1. Mit Schritt 11 der Eule (Seite 14/15) beginnen. Die offene Spitze zeigt nach links. Die beiden rechten Spitzen...

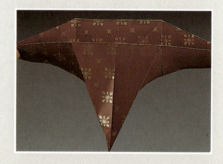

3. Wenn das Papier glatt ist, die Form in der Mitte zusammenklappen...

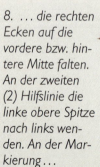

7. Dasselbe mit der rechten Hälfte wiederholen. An der ersten (1) Hilfslinie...

2. ...vorsichtig auseinanderziehen.

4. ...flachdrücken und glattstreichen.

8. ...die rechten Ecken auf die vordere bzw. hintere Mitte falten. An der zweiten (2) Hilfslinie die linke obere Spitze nach links wenden. An der Markierung...

9. ... nach rechts wenden. Die Spitze direkt am Kopf nach oben wenden und in der ...

13. ... nach vorne bzw. hinten klappen. An der Markierung ...

17. Die obere Spitze an der ersten (1) Markierung ...

10. ... Mitte schneiden. Das sind die Ohren. An der Markierung ...

14. ... die beiden unteren Spitzen nach oben wenden. An der ersten (1) Hilfslinie ...

18. ... nach rechts oben ...

11. ... die beiden oberen Ecken nach innen falten.

15. ... die beiden Spitzen nach unten wenden.

19. ... an der zweiten (2) nach rechts unten und ...

12. Die rechten Flügel der Form ...

16. An der zweiten (2) Hilfslinie die beiden unteren Ecken nach innen falten.

20. ... an der dritten (3) nochmals nach unten wenden. Das Eichhörnchen ist fertig.

4. Den vorderen Flügel an der waagerechten Mittellinie nach unten falten.

5. Die rechte Hälfte nach hinten klappen.

Känguruh

1. Mit Schritt 7 des Eichhörnchens (Seite 72) anfangen. Die offene Spitze zeigt nach oben. Den linken vorderen Flügel...

2. ... nach rechts falten. Dasselbe auf der Rückseite wiederholen. Die beiden unteren Spitzen an den Hilfslinien...

3. ... nach links bzw. rechts wenden. Das sind die Füße.

6. Den vorderen Fuß vorübergehend nach oben klappen. Die untere Spitze an der Markierung vorfalten...

7. ... und nach rechts außen wenden. Das ist der Schwanz.

8. Den vorderen Fuß wieder nach unten falten. Für den Kopf die obere Spitze an der gestrichelten Linie vorfalten...

12. ...die linke Spitze etwas nach innen falten und die rechte Ecke nach innen wenden.

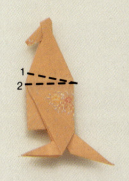

16. An den Markierungen vorfalten. Die Ecken an der ersten (1) Linie...

9. ...und nach links wenden. An der Hilfslinie...

13. Die linke Seite der Figur (den Bauch des Känguruhs)...

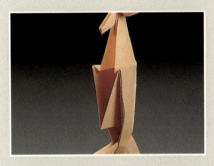

17. ...auf beiden Seiten nach innen bis zur zweiten (2) Hilfslinie drücken.

10. ...die Spitze nach rechts wenden. An der Markierung...

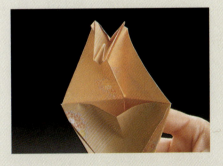

14. ...öffnen und den innenliegenden Beutel...

18. Die beiden Ecken ein wenig nach außen falten.

11. ...wieder nach links wenden. An den gestrichelten Linien...

15. ...herausziehen. Die Figur wieder zusammenklappen.

19. Das Känguruh ist fertig. Ein Baby-känguruh falten und in den Beutel des großen Känguruhs stecken.

Pfau *ohne Rad*

1. Aus einem quadratischen Blatt Papier bis Schritt 11 der Eule (Seite 14/15) arbeiten. Die offene Spitze zeigt nach links.

2. Den rechten oberen Flügel nach links legen.

3. Die obere vordere Ecke an der waagerechten Mittellinie nach unten falten. An der Markierung...

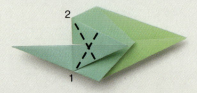

4. ... die linke vordere Spitze nach rechts falten. An der ersten (1) Linie...

5. ... die vordere Spitze nach oben...

6. ... und an der zweiten (2) Hilfslinie nach unten vorfalten.

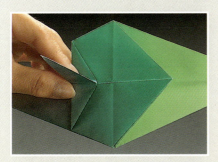

7. Nun die Spitze hochheben, an den Knicken in der Mitte zusammendrücken…

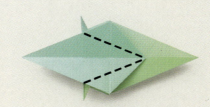

11. … nach unten klappen. An den Markierungen…

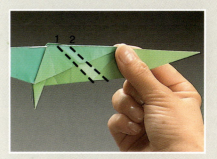

15. … klappen. Die rechte Spitze an der ersten (1) Markierung…

8. … und nach oben falten.

12. … die rechten Kanten des vorderen Flügels auf die waagerechte Mittellinie falten.

16. … nach unten und…

9. Die vorderen beiden Flügel nacheinander von unten hochklappen.

13. Die Form umdrehen. An den Hilfslinien…

17. …an der zweiten (2) nach obenwenden. Die linke Spitze an der gestrichelten Linie…

10. Die Schritte 4–7 mit der linken Spitze wiederholen und die Spitze nach unten legen. Den oberen vorderen Flügel…

14. … die obere Ecke nach unten und die untere Ecke nach oben falten. Die obere Hälfte nach unten…

18. … nach unten wenden. Die vordere und hintere Spitze an der Hilfslinie vorfalten.

19. Die Ecke öffnen, am entstandenen Knick nach innen wenden und...

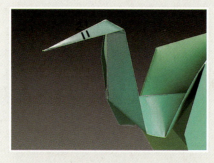

23. ...wenden. Das wird der Kopf. An der ersten (1) Markierung...

25. An den gestrichelten Linien...

20. ...die Spitze an der Hilfslinie (Schritt 18) halbieren. Auf der Rückseite das gleiche wiederholen. An der ersten (1) Markierung...

24. ...die Spitze nach innen, an der zweiten (2) nach außen falten. Das ist der Schnabel.

26. ...die beiden Füße nach links wenden.

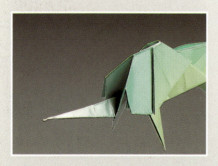

21. ...die Spitze nach links, an der zweiten (2)...

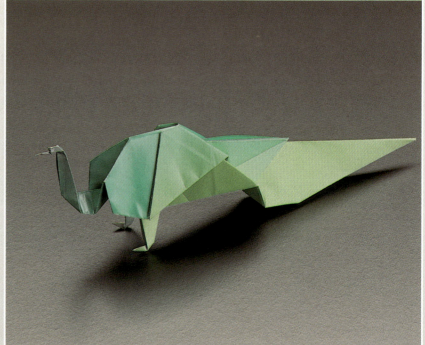

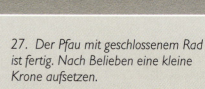

22. ...nach oben wenden. An der Hilfslinie die Spitze wieder nach links...

27. Der Pfau mit geschlossenem Rad ist fertig. Nach Belieben eine kleine Krone aufsetzen.

4. ... genau wie den Pfau ohne Rad. Das ist der Körper.

Rad:

5. Das zweite Papier wie eine Ziehharmonika falten.

Pfau mit Rad

Man benötigt zwei gleich große quadratische Papiere.

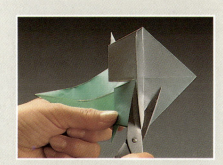

2. ... den rechten vorderen Flügel abschneiden.

6. Zu einem Fächer zusammenklappen, den Körper in der Mitte fixieren und die innenliegenden Kanten ...

Körper:

1. Das erste Papier bis Schritt 13 des Pfaus ohne Rad falten (Seite 77). An der Hilfslinie ...

3. Die Form zu Ende falten ...

7. ... des Fächers zusammenkleben. Jetzt hat der Pfau sein Rad aufgeschlagen.

Besonderen Dank der Firma hydro-rotter, Wiesbaden, für die Bereitstellung der Pflanzen.

ISBN 3 8068 1045 1

© 1989/1993 by Falken-Verlag GmbH,
6272 Niedernhausen/Ts.
Die Verwertung der Texte und Bilder, auch auszugsweise,
ist ohne Zustimmung des Verlags urheberrechtswidrig und
strafbar. Dies gilt auch für Vervielfältigungen, Übersetzungen,
Mikroverfilmung und für die Verarbeitung mit elektronischen
Systemen.

Titelbild und Fotos: ART TECH Photo-Design-Studio Gerhard
Burock, Wiesbaden-Naurod
Die Ratschläge in diesem Buch sind von Autorin und Verlag
sorgfältig erwogen und geprüft, dennoch kann eine Garantie
nicht übernommen werden. Eine Haftung der Autorin bzw.
des Verlages und seiner Beauftragten für Personen-, Sach-
und Vermögensschäden ist ausgeschlossen.
Satz: LibroSatz, Kriftel bei Frankfurt
Druck: Karl Neef GmbH & Co., Wittlingen

817 2635 4453 62